OCT 1 8 2011

FÚTBOL MUNDIAL
MÉXICO
Explora el Mundo a Través del Fútbol

Ethan Zohn & David Rosenberg
Ilustrado por Shawn Braley

AGRADECIMIENTOS

Ethan quiere dedicar este libro a su padre, Aaron, que siempre le dijo que apuntara alto; a Jenna Morasca por su amor y apoyo; a su cariñosa familia Rochelle, Lenard, Lee, Delphine, Heidi, Ava, Adin, Oliver, e Isaiah; a Paola Peacock-Freidrich; a Julian Portilla; y al desinteresado personal y voluntarios de Grassroot Soccer.

David agradece a Alex O'Loughlin, a Kate Boutilier, a Peter Facinelli, y a Luca Bella Facinelli por sus pequeños actos de bondad que marcaron una gran diferencia; a Mitchell Hurwitz, que fue el primero en preguntar; a Ret. Marine Casey Owens; a Kati Pressman y a Howard Rosenberg; y a Ricardo Dadoo, Arnold Ricalde, y a Carolina Lukac por compartir su país con él. Su más humilde agradecimiento a Brett Weitzel, Tommy Thompson, Ma Jaya, y Ross McCall por hacer que lo difícil fuera fácil. Dedica el libro a su mujer Suzanne Kent por su amor; a Ethan por su notable espíritu y finalmente a Paul y Hyla Rosenberg, que empezaron el círculo.

Nomad Press
Una división de Nomad Communications
10 9 8 7 6 5 4 3 2 1
Copyright © 2011 by Nomad Press

Impreso por Transcontinental, Interglobe
Beauceville Québec, Canada
Abril 2011, Deposito Legal# 53023
ISBN: 978-1-9363137-5-4

Ilustrado por Shawn Braley
Traducido por Gema Mayo-Prada

Cualquier pregunta en relación con este libro debe ser dirigida a:
Independent Publishers Group
814 N. Franklin St.
Chicago, IL 60610
www.ipgbook.com

Nomad Press
2456 Christian St.
White River Junction, VT 05001
www.nomadpress.net

INTRODUCCIÓN
Conoce a Ethan

CONOCE A ETHAN

¿QUIÉN ESTÁ PREPARADO PARA UNA AVENTURA EMOCIONANTE?

Soy Ethan Zohn y el fútbol ha sido mi pasión desde que tenía 6 años. He sido un jugador de fútbol profesional y he jugado por todo el mundo. Jugué algunos de mis partidos favoritos en Zimbawe, Chile, Israel, y Hawai.

El fútbol es un deporte que se juega en la mayoría de los países del mundo, por eso este deporte es como un idioma común que une a las personas. Solamente necesito salir a la calle con un balón de fútbol y al instante tendré 20 amigos nuevos.

"El fútbol es llamado *soccer* **en Estados Unidos."**

¿Te gustaría acompañarme en mis aventuras fútbolísticas por el mundo? Conoceremos a niños como tú. Ellos compartirán con nosotros sus costumbres y su cultura, cosas como qué desayunan y cómo se dice hola en su idioma.

Descubriremos algunos lugares especiales e incluso qué tipo de animales viven en sus países. En el camino, aprenderemos divertidas actividades que podrás hacer en tu clase o en casa.

Así que, ¿A qué estás esperando? Toma tu balón y tus botas de fútbol y empecemos el viaje.

¡VISITAME!

Como eres mi compañero de viaje, puedes ir a mi página web. Podrás ver los lugares que visitamos y hacer más actividades y proyectos en: www.soccerworldadventure.com.

EL PAÍS VECINO

Viaja conmigo en autobús a México para nuestra próxima aventura fútbolística. Estoy contento porque de camino a la Ciudad de México en el sur, tengo tiempo de acostumbrarme a la altitud. La ciudad de México se encuentra a 7.349 pies sobre el nivel del mar. Cuanto más alto estás, más cansado te sientes. Mientras vamos de camino, te contaré la increíble aventura que nos espera.

Aunque los Estados Unidos tienen **frontera** con México, te apuesto que habrá muchas cosas que te sorprenderán de nuestro vecino. ¿Sabías que México tiene 31 Estados y cuatro zonas costeras diferentes?

"Muchos de los alimentos que comemos cada día fueron descubiertos en México, incluyendo mi favorito: ¡el chocolate!"

México fue el hogar de dos importantes civilizaciones: los Mayas y los Aztecas. Sus antiguas ciudades fueron centros de aprendizaje y **cultura**.

Los Mayas y los Aztecas hicieron grandes descubrimientos en el mundo de las matemáticas y la ciencia. ¡Todavía hoy en día usamos sus descubrimientos! ¿Tiene la fecha de tu cumpleaños un cero? Los Mayas fueron de los primeros en utilizar el cero en su sistema numérico.

PALABRAS IMPORTANTES

altitud: elevación de la tierra sobre el nivel del mar.

frontera: franja de territorio que separa a dos países.

cultura: forma de vida de un grupo de personas.

¿Alguna vez has mirado fijamente al cielo por la noche? Los Mayas crearon un sistema **astronómico** sin telescopios. ¡Ellos eran capaces de predecir los **eclipses**! ¡La próxima vez que vayas al cine, da gracias a los aztecas por las palomitas de maíz que comas!

Así, ahora tú puedes ver cómo el pasado realmente cambia el presente. Es por eso que el saber historia es tan importante. Todo tiene un efecto de reacción o una **consecuencia**. Por ejemplo, la electricidad fue un descubrimiento asombroso. Pero usar demasiada puede dañar el **medio ambiente**.

Como muchos países modernos, México está luchando contra problemas como la **contaminación** y la superpoblación. Nosotros veremos cómo México trata de solucionar estos desafíos.

PALABRAS IMPORTANTES

astronomía: el estudio de las estrellas y los planetas.

eclipse: interposición de la luna entre el sol y la tierra, bloqueando la luz del sol.

consecuencia: hecho o acontecimiento que resulta de otro.

medio ambiente: el mundo natural alrededor nuestro incluyendo las plantas, los animales, y el aire.

contaminación: los residuos que dañan el entorno .

conquistador: el vencedor ganador de una guerra.

influencia: tener un efecto sobre alguien o algo.

Cristianismo: religión cuyos seguidores creen en Jesucristo.

El País Vecino

CIVILIZACIONES ANTIGUAS

La Civilización Maya fue la civilización más poderosa desde el año 200 AEC hasta el año 1000 EC. La Civilización azteca predominó entre de los años 1300 a 1500 EC. AEC significa Antes de la Era Común. Se cuenta hacia atrás desde el año 0, el año en que Jesucristo nació. EC significa Era Común y se cuenta desde el año 0 hasta el año actual.

En nuestra aventura sudafricana, visitamos un país que está formado por muchos grupos diferentes de personas y nacionalidades, justo como los Estados Unidos. México no se parece exactamente a esto. La gente de México, llamados Mestizos, son los descendientes de los Indios mexicanos nativos y **conquistadores** europeos.

Como México fue invadido por España a comienzos del siglo XVI, hay una enorme **influencia** española allí. Se puede apreciar en la comida y el arte, el estilo de los edificios y la religión. Los españoles eran Católicos, y la mayor parte de México todavía hoy es Católica. El Catolicismo es un tipo de **Cristianismo**.

Cuando lleguemos a la Ciudad de México, nos vamos a reunir con mi amigo Gabriel, que tiene 9 años. Él juega al fútbol en el equipo de su escuela. Gabriel ha prometido darnos algunas grandes sorpresas durante nuestra estancia aquí. Estas incluyen visitas a bosques de mariposas y a las pirámides. ¡También visitaremos el Estadio Azteca, el estadio deportivo más grande de Norteamérica!

Ahora mismo, lo mejor que podemos hacer es practicar español. En cuanto nos bajemos de este autobús, emprenderemos un paseo a pie por la ciudad. ¡No sé tú, pero yo estoy listo! Así que ¡Vámonos!

LA BANDERA MEXICANA

La bandera mexicana tiene tres franjas verticales de igual proporción, de colores verde, blanco, y rojo con el escudo nacional en el centro de la franja blanca. El dibujo—o escudo de armas—consiste en un águila real devorando a una serpiente, el águila se encuentra posada sobre un cactus que está sobre el agua. ¿Puedes adivinar lo que esto simboliza? Esto representa la leyenda azteca de la fundación de Tenochtitlán, ciudad construida sobre un lago que es ahora la Ciudad de México.

INGLÉS 101

¡AQUÍ TIENES ALGUNAS FRASES Y PALABRAS EN INGLÉS PARA QUE APRENDAS SOLO O CON TUS AMIGOS!

FÚTBOL	SOCCER ['sa:kər]
HOLA	HELLO [hə'ləʊ]
ADIOS	GOODBYE ['gʊd'baɪ]
AMIGO	FRIEND [frend]
ESCUELA	SCHOOL [sku:l]
LIBRO	BOOK [bʊk]
MADRE	MOTHER ['mʌðər]
PADRE	FATHER ['fa:ðər]
HERMANA	SISTER ['sɪstər]
HERMANO	BROTHER ['brʌðər]
BUENOS DIAS	GOOD MORNING [gʊd-'mɔːrnɪŋ]
BUENAS NOCHES	GOOD NIGHT [gʊd-naɪt]
VEN A JUGAR	COME PLAY [kʌm-pleɪ]
TENGO HAMBRE	I AM HUNGRY [aɪ-æm-'hʌŋgri]
JUGAMOS	LET'S PLAY [lets-pleɪ]

SALSA

Usaremos algunos ingredientes mexicanos para hacer una salsa de aguacate fácil. Pídele a un adulto que te ayude a cortar los ingredientes.

1 Corta el aguacate, el tomate, y aproximadamente un cuarto de una cebolla roja en daditos. Añádelos al cuenco.

2 Con las manos corta el cilantro en trocitos, y añádelo a los otros ingredientes en el cuenco.

3 Exprime zumo de lima. Añade sal y pimienta, un pellizco de ajo en polvo, y un pellizco de copos de chile o salsa picante.

MATERIALES

◊ una tabla de cortar
◊ un cuchillo
◊ un cuenco
◊ un aguacate maduro
◊ un tomate maduro
◊ un cebolla roja
◊ cilantro
◊ una lima
◊ sal y pimienta
◊ ajo en polvo
◊ copos de chile o salsa picante
◊ totopos

DIVIÉRTETE CON LA COMIDA

Estos son algunos productos de alimentación que fueron descubiertos o usados en el antiguo México:

CALABAZA
AGUACATE
CHOCOLATE
CHILES
JITOMATES
VAINILLA

PAPAYA
JÍCAMA
GUAJOLOTE
CACAHUATES
MAÍZ

4 ¡Mezcla los ingredientes para crear tu propia salsa, hecha con ingredientes descubiertos en México! ¡Usa la salsa para mojar los totopos!

UN VIAJE AL PASADO

Después de estar sentado tanto tiempo, me siento fenomenal al bajarme del autobús. Según se abre la puerta, veo a Gabriel esperándome. Gabriel y yo nos damos la mano, y luego nos abrazamos. Él me dice que cuando me presente a su madre, ella me dará el saludo tradicional mexicano de un beso en la mejilla.

11

Un Viaje al Pasado

Gabriel tiene una sorpresa para mí. Como hoy es domingo, es el día de la bicicleta en la Ciudad de México. Para reducir la contaminación y animar a las familias a hacer ejercicio, la ciudad ha cerrado algunas calles de la ciudad al trafico. ¡Gabriel ha traído una bici para cada uno de nosotros!

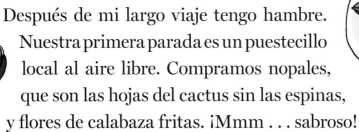

Después de mi largo viaje tengo hambre. Nuestra primera parada es un puestecillo local al aire libre. Compramos nopales, que son las hojas del cactus sin las espinas, y flores de calabaza fritas. ¡Mmm . . . sabroso!

Mientras montamos en bici hacia nuestro destino final, el parque Alameda, hay muchas cosas que ver y que hacer. Hay todo tipo de edificios algunos construidos en el siglo XVI y otros modernos. En realidad podemos ver los cambios del estilo arquitectónico de un bloque de la ciudad al siguiente.

"Gabriel indica que nuestro paseo parece casi un viaje al pasado porque podemos observar mucha de la historia de México."

Nos paramos en uno de esos edificios. Es una hermosa catedral con enormes arcos. La Catedral Metropolitana es la iglesia más grande tanto de Norteamérica como de Sudamérica. Es una obra de arte en sí misma.

EL MERCADO LOCAL

Encontramos mercados locales al aire libre por todo México. El mercado tiene tanto frutas y verduras frescas como comida preparada. Los artesanos venden artesanía. ¡Es una escena asombrosa! Hay figuritas en miniatura de papel-mâché, pinturas en trozos de latón, y mantas tejidas a mano y sombreros.

¡Cuándo visitamos un puesto de caramelos en el Mercado, encontramos un enjambre de abejas! Me preocupo un poco, pero Gabriel se ríe de mi preocupación. Él dice que las abejas nos dicen qué caramelo es el más dulce. ¡El zumbido es una buena señal!

Juntos, escogemos unos cuantos dulces, que incluyen un pirulí de sabor a mango rociado con polvo de chile. ¡El sabor dulce y picante me parece extraño al principio pero me gusta!

DIEGO RIVERA

Diego Rivera es uno de los artistas más famosos de México. Se le conoce por sus murales que son pinturas hechas sobre una pared u otra superficie grande. En el museo de Diego Rivera, Gabriel y yo miramos uno de sus murales más conocidos, "El Sueño de una Tarde de Domingo en el Parque de la Alameda."

¡Increíblemente, es domingo por la tarde, y nos dirigimos exactamente a ese parque! Esto es otro recordatorio de la conexión asombrosa entre el pasado y presente. Puedes ver el mural real en www.soccerworldadventure.com.

Nuestra siguiente parada es el Parque de la Alameda. ¡Todos los amigos de Gabriel están allí para jugar un partido de fútbol! Esto es el final perfecto de mi primer día en México, dar unas patadas al balón de fútbol y relajarme con mis nuevos amigos.

SÉ UNA LUZ

¿Recuerdas las abejas que nos dijeron qué caramelo era el más dulce? Ellas también producen cera de abejas en sus colmenas. ¡Podemos usar la cera de las abejas para hacer velas! Para este proyecto, asegúrate de que pides ayuda a un adulto.

1 Con mucho cuidado dobla una lamina de cera de abejas por la mitad. Corta la lamina a la mitad por la línea que la has doblado.

2 Coloca la mitad de la lamina enfrente tuyo sobre la superficie de trabajo.

3 Pon la mecha a lo largo del borde inferior de la lamina. Corta la mecha de modo que cuelgue una media pulgada por ambos lados.

MATERIALES

◊ laminas de cera de abejas, de cualquier color y olor, de una tienda local o de internet
◊ tijeras
◊ mecha
◊ una superficie de trabajo limpia y plana

4 Pliega la mecha enrollando el borde inferior de la lamina y sellándolo sobre la mecha. Asegúrate de que está bien apretado.

5 ¡Ahora puedes comenzar a enrollar la vela! Utilizando ambas manos y presionando, enrolla la cera hacia el borde superior de la hoja. Ve despacio y asegúrate de que lo estás enrollando recto.

6 When you get about 2 inches from the top, roll it as tight as you can, just like you did at the bottom when you put the wick in for the first time.

7 Gira la vela. Usando las yemas de los dedos, con cuidado sella el borde superior con el resto de la vela. Pasa tus dedos por todo el borde para que se integre con el resto de la vela. No empujes con demasiada fuerza porque aplastarás la cera de abejas.

8 Corta la mecha al nivel de la parte inferior de la vela. La mecha en la parte superior deberá sobresalir ¼ de pulgada. ¡Tu vela ya está hecha!

PALABRAS IMPORTANTES

mariachi: música popular mexicana tocada por un pequeño grupo de músicos llamados mariachis

Después de jugar al fútbol, Gabriel y yo caminamos a la Plaza de Garibaldi. Pasamos por delante de un puesto que vende agua fresca, o aguas de fruta. Hay muchas clases diferentes y ¡el vendedor nos deja exprimir un poco de fruta fresca! Los dos tomamos agua de sandia y nos sentamos en un banco para disfrutar del refresco.

Hace una tarde hermosa y un grupo local de **mariachis** empieza a tocar. Esto me da la idea de preguntarle a Gabriel sobre la música mexicana. En general, la mayor parte de los americanos están familiarizados con la música de los mariachis. Pero él me dice que cada región en México tiene su propio estilo.

Al cabo de un rato, Gabriel se dirige a casa para cenar. Mañana tenemos planificada una aventura que durará todo el día. Él me promete que será el mejor viaje de mi vida.

LA MAGIA DE MÉXICO

Es por la mañana temprano cuando recojo a Gabriel y a sus padres en su casa en la Ciudad de México. Es maravilloso conocer a Paola y a Diego. Por supuesto, su madre me besa en la mejilla que es el saludo tradicional mexicano. Trato de darles los buenos días en español, pero mezclo las palabras y en cambio digo ¡Buenas noches! Incluso aunque ellos se rían, puedo decir que me han entendido.

FÚTBOL MUNDIAL

Gabriel todavía no me ha dicho a dónde vamos hoy. Él quiere que sea una sorpresa. El paseo es hermoso, con los cambios de paisaje de una gran ciudad grande a grandes campos de pinos.

Después de tres horas llegamos a Morelia, una ciudad llena de edificios **coloniales** y otros edificios históricos. Noto los antiguos **canales** que llevaron el agua a la ciudad hace cientos de años.

CORUNDAS

Tenemos hambre y decidimos picar algo, Gabriel y yo pedimos unas corundas en un puesto al aire libre. Esto son bolsas hechas con hojas de maíz rellenas de harina de maíz cocida al vapor. Están tan buenas que voy a comprar tres más para el camino.

Después de pasar muchos pueblos pequeños, finalmente llegamos a nuestro destino y aparcamos el coche. Pero todavía tenemos una larga caminata por delante, hasta llegar a un **valle**. Mientras caminamos Gabriel me cuenta lo que quiere hacer cuando él crezca. Él está interesado en cuestiones **medio ambientales** y quiere marcar una diferencia en su **comunidad**.

La Magia de México

Pasamos una señal que dice "Santuario de Mariposas El Rosario." Gabriel sonríe y me dice que espere a conocer la traducción.

De repente, vemos la escena más asombrosa que he visto en mi vida. Estoy tan anonadado que no tengo palabras en español o en inglés para describirla.

"Allí, delante de nosotros, hay ¡un bosque lleno de mariposas!"

Recuerdo la palabra mariposa, que estaba en la señal. Miles de mariposas negras y naranjas cubren los pino y los abetos. Hay tantas que el bosque parece estar en continuo movimiento. Sus alas parecen hojas revoloteando en el viento. Como cada año hay una **migración** de mariposas que vienen para descansar desde Canadá.

PALABRAS IMPORTANTES

colonial: algo relacionado con el tiempo cuando la gente de España se instaló en México, y la zona era una colonia de España.

canales: zanjas que dirigen agua de un arroyo o río.

valle: llanura de tierra entre montañas.

medioambiental: relativo al medio ambiente.

comunidad: un grupo de gente con algo en común.

migración: movimiento de un lugar al otro que ocurre cada año.

Nos quedamos durante horas disfrutando de la belleza de esta **maravilla de la naturaleza**. Sé que nunca olvidaré esta experiencia. Tomo una foto y la etiqueto "la Magia de las Mariposas."

PALABRAS IMPORTANTES

maravilla de la naturaleza: algo asombroso que se ha formado de manera natural sin intervención del ser humano.

serenata: cantar a alguien.

Cuando volvemos a la Ciudad de México estamos tan cansados que nos relajamos allí con la familia Gabriel. Después de unos días, nos dirigimos a los jardines flotantes de Xochimilco. Estos jardines solían proporcionar el alimento para los habitantes de la antigua ciudad de Tenochtitlán.

Esta ciudad tenía canales y vías fluviales en vez de calles. Los aztecas crearon islas "flotantes" de cañas, estiércol y barro, sujetas al fondo del lago por las raíces de los árboles plantados. Ellos cultivaron alimentos en estos jardines únicos.

Hoy, hemos alquilado un barco pintado con colores llamativos, llamado trajinera. Cada barco tiene su propio nombre.

El barquero usa un palo largo para empujar el barco. Otros barcos venden, comida y otros artículos. Algunos llevan músicos a bordo, que nos dan una **serenata** con la gran música mexicana.

Mientras vamos por el canal, Gabriel nos señala el nuevo proyecto en los bancos del canal. La gente hace compostaje, y cosecha algas del agua para alimentar el suelo. El compostaje toma materia orgánica, como restos de frutas y verduras, y los vuelve a poner en la tierra para hacerla más rica y que las plantas crezcan.

> "Esto se parece a un centro comercial flotante, excepto que ellos se acercan a ti para traerte comida, música, ropa, flores, y regalos."

SEMBRADORES URBANOS

Sembradores Urbanos es uno de muchos proyectos en México dedicados a la ayuda al medio ambiente. La organización de los Sembradores Urbanos dirige los jardines de la ciudad. Enseña a niños y adultos sobre el compostaje y el cultivo de verduras en espacios pequeños.

El viaje en el barco es relajante. Gabriel me dice que es bueno que no estemos caminando. Mañana caminaremos mucho en otro viaje especial.

Aunque yo no puedo imaginarme nada más especial que hoy.

EL DESAFIO DEL COMPOSTAJE

El compostaje toma los restos de las frutas y verdura y las plantas y los convierte en un suelo rico en nutrientes para otras plantas. Tú puedes poner una caja de compostaje en tu patio trasero o en la escuela.

1 Escoge un lugar para poner tu caja de compostaje. Usa un contenedor como caja de compostaje o haz la tuya propia doblando un trozo pequeño de alambre para vallas en forma de U.

2 Pon una capa de 6 pulgadas de material muerto en el fondo de la caja. Este material es rico en **carbón**. Añada una capa de 6 pulgadas de material vivo que es alto en **nitrógeno**.

MATERIALES

◊ contenedor o un trozo pequeño de alambre para vallas

◊ material muerto: hojas marrones, agujas de pino secas, hojas de periódico despedazadas, aserrín

◊ material vivo: frutas y verduras pasadas, hierbajos todavía verdes y hierba cortada

◊ pala

◊ tierra

◊ agua

3 Añade una paletada de tierra a la mezcla. La tierra contiene **microorganismos**, insectos, y los gusanos que descompondrán todo. Riega la capa de tierra.

 4 Repetir los pasos 2 y 3 hasta que el contenedor esté lleno. ¡Ahora solamente tienes que esperar unas semanas!

5 Sabrás cuando el compostaje está listo porqué este adquirirá un color marrón intenso, y tendrá olor terroso. Después de que esto pase, extiende el compostaje alrededor de las bases de las plantas que ya tienes, o ponlo en la parte de debajo de los agujeros que caves para nuevas plantas. ¡El compostaje ayuda a alimentar las plantas!

 6 Planta alguna de la verduras mexicanas que hemos mencionado antes, como pimientos de chile o tomates, y emplea el compostaje para ayudarlas a crecer.

PALABRAS IMPORTANTES

carbón: un elemento que se encuentra en todos los seres vivos.

nitrógeno: el elemento más común en la atmósfera de la tierra.

microorganismo: un ser vivo que es tan pequeño que sólo puedes verlo con un microscopio. Las bacterias son unos microorganismos que descomponen el material muerto.

EL PASADO ES EL PRESENTE

Hoy por la mañana Gabriel y su familia vienen para reunirse conmigo en mi hotel. Ellos me preguntan si estoy listo para hacer un viaje muy largo. ¿Dónde vamos? Gabriel sonríe abiertamente y me dice, "vamos a viajar al pasado 2.000 años." Al parecer, visitaremos algunos de los sitios antiguos más famosos de México.

El Pasado es el Presente

Nuestra primera parada son las asombrosas ruinas de Teotihuacán justo a las afueras de la Ciudad de México. Pensaba que las **pirámides** existían sólo en Egipto. Pero aquí, directamente enfrente de nosotros, está la increíble Pirámide del Sol. Es la tercera pirámide más grande del mundo.

"Para alcanzar la cima, vamos a tener que subir ¡242 escalones gigantes!"

PALABRAS IMPORTANTES

antiguo: muy viejo, del pasado lejano.

pirámide: un monumento con la forma de un triángulo con una base cuadrada.

jadeante: sin aliento.

Gabriel me desafía a una carrera, y pronto estamos subiendo los escalones tan rápidamente como podemos. Jadeando, grito "¡Rápido!" ¡Gabriel y yo terminamos empatando! La altitud me deja **jadeante**, así que recupero el aliento y disfruto de una vista majestuosa.

TEOTIHUACÁN

Teotihuacán era la ciudad principal de los aztecas. Durante su máximo esplendor, pudo haber sido albergado a 100.000 personas. Hay muchas ideas sobre por qué desapareció. El uso excesivo de la tierra pudo haber arruinado el suelo y entonces los aztecas no habrían podido cultivar bastantes alimentos.

Debajo de nosotros hay docenas de **templos**. La Avenida de los Muertos que va desde la Pirámide de la Luna hasta pasar la Pirámide del Sol los une. Mientras disfrutamos de la vista, pienso en lo que la vida debe haber sido para la gente que una vez vivió aquí.

Después del almuerzo, bajamos de la Avenida de los Muertos al Templo de la Serpiente con plumaje, o Templo de Quetzacoatl. Quetzacoatl es un dios emplumado, parecido a una serpiente.

"Hay pinturas y tallas de Quetzacoatl por todas partes."

PALABRAS IMPORTANTES

templo: un edificio usado como un lugar de adoración.

obsidiana: cristal negro volcánico formado por el enfriamiento rápido de la lava.

mina: un área subterránea donde se extraen rocas valiosas.

cambiar: cambiar una cosa por otra.

Algunas tallas tienen ojos hechos de **obsidiana**, una roca brillante negra. "Según me muevo por el templo ¡los ojos parecen seguirme!"

Nunca he visto la obsidiana antes. Gabriel me informa que la ciudad entera de Teotihuacán fue fundada sobre una **mina** de obsidiana.

"La gente usó la obsidiana para cambiarla por las cosas que necesitaban, justo como ahora usamos las monedas y los dólares."

Terminamos el día en el Observatorio. Esta cueva artificial tiene un agujero en el techo para poder ver el cielo por la noche. Me da escalofríos pensar que, hace cientos de años, la gente solía venir aquí y mirar las estrellas, justo como hacemos ahora.

Más tarde esa semana, volamos a Yucatán donde visitamos las ruinas Mayas de Chichén Itzá. Recuerda, los Mayas eran grandes matemáticos e inventaron un sistema numérico que utilizó el 0. Chichén Itzá es tan asombroso como Teotihuacán, con enormes templos y tallas hermosas.

"¡Algunas de estas pirámides famosas tienen más de 1.500 años!"

CONQUISTA EL MUNDO

Las rocas se dividen en categorías según se formaron.

Las Rocas Ígneas se forman cuando la roca líquida se enfría. La roca líquida se llama magma cuando está debajo de la superficie de la tierra. Es lava cuando sale a la superficie de los volcanes. *La obsidiana* es una roca ígnea.

Las Rocas Sedimentarias están formadas por materiales como arena, barro, guijarros, o conchas que han sido presionadas juntas con el tiempo. *La arenisca* es una roca sedimentaria.

Las Rocas Metamórficas son las rocas ígneas o sedimentarias que se han transformado a lo largo de miles de años debido al calor o la presión. *El mármol* es una roca metamórfica.

Pienso que Gabriel debe estar bromeando cuando él me pregunta si me gustaría jugar un partido de fútbol aquí. Es difícil creer que los antiguos Mayas tenían un campo de fútbol. Sin embargo, Gabriel sonríe triunfante cuando llegamos al campo de Juego de la Pelota.

Esto era el campo de juego de un antiguo juego Maya similar al fútbol. Los jugadores usaban las caderas, muslos, y rodillas para manejar la pelota y hacerla pasar por un alto aro. Me gustaría que tuviéramos una pelota para poder intentarlo.

Gabriel quiere darme una pista sobre a dónde iremos después y corre al lado opuesto del campo de juego. Me quedo con la boca abierta cuando Gabriel comienza a hablar. Suena como si él estuviera justo a mi lado. ¡Gabriel aprovecha la forma en que el sonido se transmite en el campo de Juego de la Pelota para decirme, "¡Espero que estés preparado para empaparte!"

"¡Espero que estés preparado para empaparte!"

LA MONEDA ACTUAL

¡Crea tu propio sistema monetario con tus amigos o los compañeros de clase, justo como los Mayas hicieron! ¿Sabes qué nuestro sistema monetario tiene monedas diferentes que representan valores diferentes? Todas son monedas pero sus formas y diseño representan un valor diferente del dinero. Piensa en qué artículos de los que tienes en tu casa podrías usar en tu sistema monetario.

1 Coloca todos tus artículos delante tuyo, y luego decide lo que cada uno valdrá en tu sistema monetario. Por ejemplo, si usas frutas diferentes y verduras, entonces tal vez cada pasa valga una moneda de diez centavos y 10 pasas harán un dólar. Una zanahoria representa un dólar. Una manzana es equivalente a diez dólares.

Una vez que cada uno en tu grupo sepa lo que cada artículo vale, entonces puedes seguir adelante y comenzar a comerciar. ¡ Podrías vender tu sombrero favorito a tu amigo por 8 zanahorias, o comprar un chicle por 3 pasas!

 Pregunta a un adulto cuánto cuestan algunos de los artículos en tu casa, como comestibles, ropa, y juguetes. Averigua cuánto vale cada articulo en tu sistema monetario. Si tu chaqueta nueva cuesta $45.90 dólares, eso sería 4 manzanas, 5 zanahorias, y 9 pasas en nuestro sistema monetario.

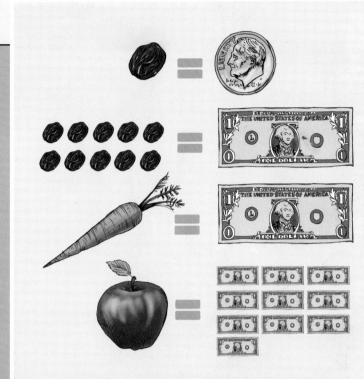

MATERIALES

Cualquiera de lo siguiente:
◊ botones de diferentes colores
◊ diferentes tipos de cereales
◊ frutas y verduras variadas
◊ materiales escolares como lapiceros, bolígrafos y borradores.

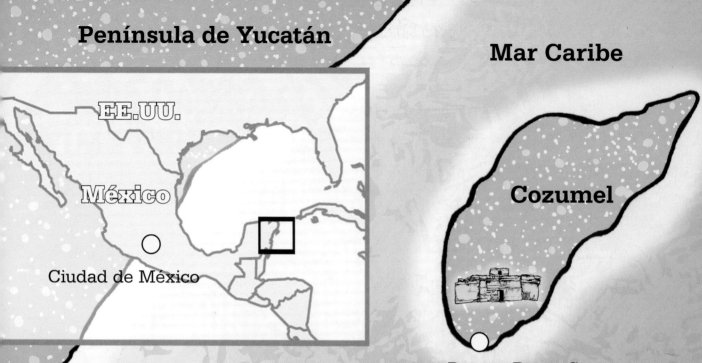

Península de Yucatán

Mar Caribe

EE.UU.

México

Ciudad de México

Cozumel

Parque Punta Sur

EL MUNDO ACUÁTICO

Nos vamos a explorar una de las muchas culturas costeras de México. Gabriel me lleva a la Riviera Maya, en la esquina del sudeste de México, a lo largo del Mar Caribe. Nuestra primera parada es la isla de Cozumel. Cozumel es famosa por sus aguas claras color azul verdoso. Es uno de los mejores lugares del mundo para practicar el clavado y el esnorquel o buceo con tubo de respiración.

Comenzamos en el Parque Punta Sur que es un **parque nacional** para animales y pájaros. Mientras Gabriel y yo caminamos hacia un antiguo faro Maya, él me dice que el faro tiene una sorpresa chula. ¡Cuándo el viento sopla en una cierta dirección, el faro hace el sonido de un silbido!

Desde el faro, podemos ver una laguna con cocodrilos y las espectaculares playas de la isla y el agua que las rodea. Nos dirigimos hacia la playa para hacer esnorquel por primera vez.

PALABRAS IMPORTANTES

costa: tierra a la orilla del mar.

Parque nacional: un terreno protegido de las actividades humanas como la caza y construcción porque es hermoso y especial.

arrecife: cadena de coral o rocas cerca de la superficie del agua.

Alquilamos máscaras, tubos de respiración, y aletas, y nadamos hacia el **arrecife**. Flotando sobre la superficie y mirando hacia abajo en el agua, nosotros vemos bancos de peces con colores brillantes.

34

De repente, siento que algo está nadando a mi lado y me encojo con sorpresa. ¿Es un tiburón? No—¡Solamente es una inofensiva manta raya, que se desliza a nuestro lado!

Me gustaría que Gabriel y yo pudiéramos hacer **submarinismo**, porque me gusta la libertad de nadar por debajo del agua. Puedes moverte en cualquier dirección, hacia arriba y hacia abajo. Para mí, esto es la cosa más parecida a volar que se puede hacer en la tierra. El clavado es mi actividad favorita . . . después del fútbol, desde luego.

"¡Tal vez en el futuro combinaré ambas pasiones, e inventaré un juego de fútbol submarino!"

Al día siguiente, Gabriel y yo dejamos Cozumel para visitar Aktun Chen el continente. ¡Esta colección de **cuevas** submarinas tiene casi 5 millones de años!

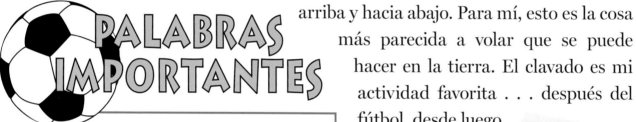

PALABRAS IMPORTANTES

submarinismo: natación bajo el agua con un botella de aire unida a una boquilla.

cueva: cavidad subterránea.

oxígeno: el gas que los animales necesitan para respirar.

corriente: flujo de agua que va en una cierta dirección.

minerales: sustancias inorgánicas encontradas en las rocas.

CUEVA DE LOS TIBURONES DURMIENTES

En una cueva submarina de la costa de Cancún, hay tiburones que parecen dormir la siesta o dormitar en el fondo. Esto parece imposible, porque los tiburones tienen que seguir moviéndose para poder respirar. Ellos deben tener agua circulando constantemente a través de sus agallas para tomar **oxígeno**. Los científicos creen que los tiburones pueden ser capaces de quedarse quietos debido a la fuerza de la **corriente** en la cueva. ¡La corriente mueve el agua sobre las agallas de los tiburones por ellos, y por eso los tiburones pueden descansar!

Aktun Chen parece una ciudad subterránea de cuevas. Hay espacios gigantescos llenos de carámbanos de piedra, llamadas estalactitas y estalagmitas las cuales cuelgan del techo o se levantan desde el suelo.

Estas estructuras están formadas de residuos **minerales** depositados por el agua hace muchos años. Estando aquí debajo de la superficie de la tierra, siento que estoy en otro planeta.

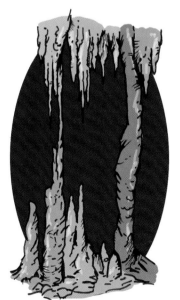

CENOTE

Un cenote es un sumidero, o un lugar donde la tierra se hunde. Este sumidero se llena de aguas subterráneas. Esta es el agua que corre debajo de la superficie de la tierra.

Temprano la siguiente mañana, Gabriel y yo nos dirigimos a Hidden Worlds Cenote Park. Después de un paseo largo por la selva hacemos esnorkel en cuevas con increíbles piscinas subterráneas de agua verde transparente. El agua fría es tan clara que podemos ver el fondo. También podemos ver el cielo por la claraboya natural de la cueva.

Mañana en la Ciudad de México observaremos cómo es el fútbol en México. Pero de camino a casa, nos pararemos en una fiesta de cumpleaños en la playa. ¡La familia nos ha invitado! Cocinarán un pescado entero, y golpearemos la piñata que estará llena de naranjas, caña de azúcar, cacahuetes, y un tipo de caramelo especial llamado Colación. A la puesta de sol jugaremos al futbol en la arena con los niños. ¡Esto es lo que yo llamo pasarlo bien!

 # EL AGUA MAGICA

En la naturaleza, el agua de lluvia se filtra por las rocas en el suelo, un proceso que ayuda a limpiarla. Esto es un divertido experimento para mostrar exactamente cómo funciona el proceso. ¡La arena y el carbón vegetal atrapan las partículas de suciedad en el agua, limpiándola!

MATERIALES

◊ filtro de café de papel
◊ embudo
◊ carbón vegetal en gravilla proveniente de una tienda de jardinería o de una tienda de mascotas
◊ arena
◊ un recipiente vacío
◊ un recipiente lleno de agua con barror

1 Coloca el filtro de café en el embudo. Pon una capa de carbón vegetal en el fondo del filtro de café.

- -

2 Añade una capa de arena encima del carbón vegetal. Coloca el embudo sobre el recipiente vacío.

- -

3 Mientras otra persona hecha el agua con barro en el embudo, mira cómo sale el agua por la parte inferior del embudo. ¿Es más clara?

- -

DEPORTES, ¡SI!

Nuestro viaje a México tiene que incluir mi deporte favorito, el fútbol. Es un deporte superimportante aquí. ¿Qué mejor lugar para ver un partido que el Estadio azteca? Es el estadio deportivo más grande de Norteamérica. Puede albergar a 100.000 personas, y ha sido el anfitrión de no uno sino dos Campeonatos del Mundo. Gabriel me dice que en el estadio se juegan muchos partidos de equipos diferentes.

L a selección nacional mexicana apodada el Tri, juega aquí. Tri hace referencia a los tres colores. Llaman así al equipo esto porque México tiene tres colores en su bandera: verde, rojo, y blanco.

Hoy, hay un partido entre el Club América, el equipo de casa y el Cruz Azul. Estos equipos juegan en la Primera División de México, que es la máxima competición en México. En los Estados Unidos, tenemos ligas diferentes para el béisbol: A, AA, AAA, y el Major League Béisbol. Esto mismo ocurre con el fútbol en México que tienen diferentes divisiones.

Mientras animamos a los jugadores, Gabriel me dice que hay otro tipo de fútbol en México, llamado futsal. El futsal se juega en un campo cubierto más pequeño y con menos jugadores.

"Me encanta ser parte de un público tan emocionado y ruidoso."

FIFA

La Copa Mundial de FIFA es un torneo de fútbol que se celebra cada cuatro años y la juegan los equipos nacionales de países de todo el mundo. FIFA significa Fédération Internationale de Football Association. Es como el gobierno del fútbol mundial. El nombre está en francés.

La superficie donde se practica no tiene paredes, y la pelota es más pequeña que una pelota de fútbol normal, y bota menos.

Le pregunto sobre otros deportes en México. Gabriel bromea y dice que tal vez yo haya oído hablar de otro juego que se juega a lo largo de toda la frontera, llamado béisbol. Él también dice que hay un deporte más que a él le gustaría que yo viera antes de terminar nuestro viaje . . . ¡Lucha Libre, wrestling!

Mañana, nos diremos ¡adiós! Hasta entonces, estamos decididos a pasarlo muy bien, y disfrutar de cada segundo del partido.

LUCHA LIBRE

La lucha libre comenzó en México hace cien años, cuando los luchadores comenzaron a llevar máscaras y trajes. Los luchadores representaban personajes del bien y el mal cuando ellos luchaban. "Los tipos buenos" se hicieron estrellas famosas, se hicieron películas y tebeos basados en ellos. Gabriel tiene el personaje perfecto para mi gusto, "el Perro fútbolista," porque uno de mis apodos es E-Dog.

DESPEDIDA

Ha llegado el momento de decirle adiós a Gabriel. Le doy las gracias por este viaje tan asombroso, y por mostrarme las maravillas que hay en México-las pirámides y las cuevas submarinas, las mariposas y las playas. Sobre todo me gustó el apasionante partido de fútbol. Esto ha sido una aventura especial.

En *Fútbol Mundial*, siempre intercambiamos regalos al final de un viaje. Gabriel me da un pequeño cráneo papel-mâché con mi nombre pintado en la frente. Al principio, el regalo me asusta un poco. Sin embargo, Gabriel me dice que está asociado con el Día de los Muertos, una importante fiesta mexicana. Durante esa fiesta los mexicanos celebran el hecho de que ellos están vivos.

Le doy una pulsera sudafricana a Gabriel de nuestra primera aventura de *Fútbol Mundial*. A cada persona que visitamos le damos algo del lugar que visitamos antes. Mi segundo regalo es una pelota de mini-fútbol de *Fútbol Mundial*. Que espero que Gabriel la lleve con él a cualquier parte donde él vaya y que me mande fotos.

¿A DÓNDE VAMOS AHORA?

¿Dónde piensas que deberíamos tener nuestra siguiente aventura de fútbol? Comparte tus opiniones conmigo por correo electrónico.

MARCAR UNA DIFERENCIA

Gabriel ayuda al entorno. Tú puedes hacer lo mismo también. Usa la Internet o la biblioteca para encontrar un proyecto al que apoyar. Tal vez esto sea replantar bosques o salvar tortugas de mar o ayudar a reconstruir comunidades pobres.

Crea un cartel o un vídeo para dar a conocer tu causa. Haz un informe. Escribe cartas a tus amigos hablándoles de la organización. O pregunta a tus padres si puedes empezar una recaudación de fondos. Prepara galletas y véndelas, vende camisetas dibujadas a mano o pulseras hechas por ti, o vende limonada en un puesto. Sé creativo y prepara algo divertido para todo el mundo. Lo que es realmente importante es que ayudes a Gabriel a hacer de México un lugar mejor para vivir. ¡Escríbeme por correo electrónico a Ethan@soccerworldadventure.com y cuéntamelo!

Glosario

altitud: elevación de la tierra sobre el nivel del mar.

antiguo: muy viejo, del pasado lejano.

astronomía: el estudio de las estrellas y los planetas.

canales: zanjas que dirigen agua de un arroyo o río.

carbón: un elemento que se encuentra en todos los seres vivos.

colonial: algo relacionado con el tiempo cuando la gente de España se instaló en México, y la zona era una colonia de España.

comunidad: un grupo de gente con algo en común.

conquistador: el vencedor de una guerra.

consecuencia: hecho o acontecimiento que resulta de otro.

corriente: flujo de agua que va en una cierta dirección.

costa: tierra a la orilla del mar.

Cristianismo: religión cuyos seguidores creen en Jesucristo.

cueva: cavidad subterránea.

cultura: forma de vida de un grupo de personas.

eclipse: interposición de la luna entre el sol y la tierra, bloqueando la luz del sol.

frontera: franja de territorio que separa a dos países.

influencia: tener un efecto sobre alguien o algo.

jadeante: sin aliento.

maravilla de la naturaleza: algo asombroso que se ha formado de forma natural sin intervención del ser humano.

mariachi: música popular mexicana tocada por un pequeño grupo de músicos llamados mariachis.

medio ambiente: el mundo natural alrededor nuestro incluyendo las plantas, los animales, y el aire.

medioambiental: relativo al medio ambiente.

microorganismo: un ser vivo que es tan pequeño que sólo puedes verlo con un microscopio. Las bacterias son unos microorganismos que descomponen el material muerto.

GLOSARIO

migración: movimiento de un lugar al otro que ocurre cada año.

mina: un área subterránea donde se extraen rocas valiosas.

minerales: sustancias inorgánicas encontradas en las rocas.

Parque nacional: un terreno protegido de las actividades humanas, como la caza y construcción, porque es hermoso y especial.

pirámide: un monumento con la forma de un triángulo con una base cuadrada.